MOYENS DE ROUVRIR DE NOUVELLES NÉGOCIATIONS

POUR

POCURER LA PAIX A LA FRANCE

ET MÊME A L'EUROPE,

Avec l'Abrégé du nouveau droit public.

PAR un Membre de la Société Libre des Sciences, Lettres et Arts de Paris.

A PARIS,

Chez SUROSNE, libraire, 2me. cour du Palais Égalité.
Et chez tous les marchands de nouveautés.

AN VIII.

MOYENS DE ROUVRIR DE NOUVELLES NÉGOCIATIONS

POUR

Procurer la Paix à la France et même à l'Europe.

Nous avons pris le parti de réimprimer cet ouvrage parce qu'il nous a paru, quoique très-concis, présenter aux connaisseurs en même tems un vrai droit public de France et un vrai droit public de l'Europe, dérangé jusqu'ici par une révolution qui a presque ébranlé le globe entier.

Si quelqu'un pouvait, par des voies négociatives, des idées neuves, des expédiens, même des improvismes, apporter quelques remèdes aux oppositions à la paix, ou en applanir les difficultés, ce seroit peut-être l'auteur des *Principes fondamentaux de quelques glorieux travaux de la République française dans la diplomatie*, qui le fut aussi d'un ouvrage intitulé : *Premier plan qui a donné lieu à la régénération de la France, le 15 mars 1789*, ouvrage dont il a été fait un rapport à la société libre des sciences, lettres et arts, qui a donné lieu à sa réception dans cette même société.

Ces deux ouvrages sont le fruit de profondes études et de la méthode la plus correcte, pour mettre à la portée des véritables connaisseurs, des hommes de gouvernement, des hommes d'état de tous les cabinets de l'Europe, ce qui se refuse à l'intelligence de quelques personnes dont il serait néanmoins essentiel de former l'instruction.

La tâche de reconquérir sa liberté s'est trouvée jusqu'au retour du premier Consul de l'Egypte au-dessus des forces de la nation française ; sa dégradation morale, par l'insouciance d'un gouvernement doux, mais usé, a mis un obstacle insurmontable à y trouver des coopérateurs de bonne-foi ou des hommes désintéressés dans cette opération majeure.

L'auteur de cette brochure sans se rebuter des contrariétés de l'orgueil, des oppositions de l'intérêt particulier, de l'ignorance et des désordres populaires, a présenté une plus ou moins grande partie de ses calculs, soit politiques soit réguliers à presque tous les périodes où il a cru voir quelque jour à développer utilement un système de droit public qu'il entend fortifier par les voies d'une paix générale, dans laquelle il a toujours entrevu l'espoir d'embrasser les nations qui paraissaient les plus opposées en intérêt, en moralité à la République française.

L'intérêt de quelques hommes accrédités,

profitant du désordre, de quelqu'immoraux, de quelques contrarians plus ou moins, dédaigneux ou insoucians, maladie de l'orgueil, mais très-commune en matière de gouvernement, a fait mettre en désuétude ou tronquer d'une manière bisarre ses calculs les plus méthodiques et les mieux présentés. Le 18 fructidor n'y a pas peu contribué en introduisant un système de désharmonie public avec celui infernal de rendre la guerre interminable.

Dans ce désordre extrême, auquel seulement a mis fin les 18 et 19 brumaire an 8, personne n'a mieux conservé que l'auteur des deux ouvrages que nous citons les principes fondamentaux de la révolution française, d'accord avec les principes antiques des premiers Français distingués par leur loyauté et leur valeur signalée.

Son projet, du 7 messidor an IV, envoyé au directoire dans ses beaux jours où il contribua à la prospérité de la France, lui conciliait le chef de l'Empire, il en conservait les droits et ceux du corps germanique, moins par amour des autorités de ce genre, que comme fondé en principe sur les raisons de l'utilité de son maintien.

En effet, si les trois fortes puissances en Allemagne, qui en soutiennent l'équilibre, venoient à diminuer ou à varier de consistance en même tems que les petites puissances seraient dérangées dans leur ensemble (sans cesse en opposition), un torrent d'hommes guerriers, par nature, les Germains se déborderaient bientôt sur la France, sur la Pologne, sur l'Italie et y recommenceraient ces irruptions irrégulières connues du tems des Attila, de Witikin, des Tassilon, des Charlemagne et de ces héros dévastateurs courant de toutes parts à la destruction des hommes, sans but que celui de faire des conquêtes, et non de donner à leurs concitoyens des barrières, des droits capables de défendre leur liberté, et d'éteindre à jamais pour eux les germes de la guerre.

Les vues de l'auteur *des principes fondamentaux des glorieux travaux de la république française dans la diplomatie*, dont cette brochure, que nous réimprimons n'est que l'abrégé, reposent profondément sur ces considérations. Son système préservatif pour l'Italie, donné par extrait dans les pages 25 jusqu'à 30 de cette même brochure, offre une partie de son tableau, suffisante pour en prendre une favorable idée. S'il ne l'a pas développé en entier pour le Nord comme pour le Midi, et tel qu'il se trouve l'être dans le corps de son système, présenté en manuscrit au directoire exécutif an IV, c'est qu'il a cru que l'invitation qu'il fait au citoyen Taleyrand à la page 4 de la première édition de l'ouvrage que nous réimprimons, suffisait pour remplir son objet, sans exposer aux yeux d'un public curieux, inquiet, desirant la paix avec une ardeur égale à ses maux, des intérêts qui ne peuvent encore être tenus dans une trop grande obscurité, attendu qu'ils se rapportent à des fautes graves contre la sûreté de la France et la tranquillité de l'Allemagne, tel que le changement du gouvernement des Suisses et autres désordres de cette nature, qui ne sont peut-être pas irréparables.

Ses moyens se rapportent aussi à la Pologne, à la Prusse et aux principes qui nous lient avec cette sage puissance, contre la Russie, et contre les ennemis de la balance et du repos de l'Europe.

La paix inaltérable en était assurée par la réunion de la Pologne en une seule partie telle qu'il l'a proposée fort à propos en l'an IV, rien ne pouvant alors s'y opposer avec quelques succès. Un traité secret avec l'empereur auquel devait concourir le roi de Prusse pour ses intérêts personnels, en était la base; ce traité lui conservait, jusqu'à ce qu'on put faire mieux, et il y avait été avisé, ses états d'Italie, et même les lui augmentait.

Il eût été plus avantageux dans l'ordre des choses qu'on eut pu faire à l'empereur une autre cession, et qu'il ne put, d'après ses premières défaites, ne jamais remettre le pied dans ses mêmes états d'Italie; mais la fatalité qui a empêché le premier consul de suivre le plan vaste qu'il s'était probablement prescrit d'après ses premières conquêtes, ramène les objets des plus sages méditations à-peu-près à l'état où elles étaient lorsqu'il proposa un ordre pacificateur, qui paraissait à cette époque si facile à mettre en usage.

Notre auteur présente, dans le même ouvrage, un système tendant à briser la répugnance mutuelle entre les hommes du continent, et les triples forces par nature de se faire les colonisateurs de l'Europe et les passagers de l'U... Il a calculé de longue main les moyens de balancer les avantages de la puissance maritime et celle continentale, de manière que les deux nations anglaise et française ne se trouvassent presque plus en concurrence ou en rivalité.

Il n'a pas cru devoir produire toutes ces idées dans cette brochure ; elle se serait trouvée dans un trop grand contraste avec le système accrédité alors dans une partie des cabinets de l'Europe spéculant dans la reproduction de la guerre la fin des désordres politiques. Quelques Français trop consultés, dans ces tems désastreux, ont aussi opposés avec trop de succès à ce plan pacificateur et méthodique, les avantages prétendus d'occuper une population immense et d'entretenir au-dehors une levée de guerriers proportionnellement encore plus immense. La liberté d'une nation régénérée leur paraissait en danger en recueillant ses défenseurs dans son sein, et en employant des moyens plus doux et plus analogues au génie philosophique de ce jour, qui a même gagné l'homme de guerre, moyens qui semblent reposer sur le vœu du premier consul, celui de la nation entière qui, pour souhaiter ardemment la paix et la concorde, n'a rien perdu du héroïsme de ses illustres ancêtres, les Francs, dont elle s'honore encore de conserver la mémoire glorieuse, et l'exercice de leur ancienne et active valeur dans les combats.

Fidèle d'un bout à l'autre au systême de défense et d'instruction adopté dans cet ouvrage, relatif au ministre des relations extérieures, on voit notre auteur, notamment aux pages 5, 6 et 7 de la première édition, prêtant, pour ainsi dire, ses idées à ce même ministre, le soutenir dans sa marche incertaine et troublée par une faction en crédit, son ennemie, qui mit ses facultés dans une telle souffrance à cette époque, qu'il crut devoir donner sa démission, et la faire précéder d'une brochure intitulée *Eclaircissemens à ses concitoyens*. L'auteur embrasse dans une crise aussi pénible que déchirante pour ce ministre, le plan d'une opposition mesurée, et l'ordre d'une logique fière et courageuse toutefois liées à la gloire du gouvernement et du ministre lui-même.

Telle doit être la conduite d'un écrivain politique dans une telle circonstance, celle d'un ministre public, celle d'un plénipotentiaire, d'un envoyé chez l'étranger pour les intérêts de la nation à laquelle il appartient. Il doit couvrir ses œuvres quelle qu'elles soient, d'un voile honorable, les entourer du rayon de la gloire même, ne fus-ce que pour lui enseigner les moyens de se ressaisir avec plus d'avantage de celle qu'elle n'aurait pas dû laisser échapper.

Nous fixerons dans une seconde édition

les regards du sénat conservateur, celui de la nation même, par le rapport fait à la société libre des sciences lettres et arts sur un ouvrage intitulé *Premier plan qui a donné lieu à la régénération de la France*, imprimé dans un très-petit nombre d'exemplaires, déposé dans les bibliothèques nationales et dans les archives du Gouvernement, ainsi que l'ouvrage dont nous présentons le complément sur les observations de l'auteur lui-même.

Nous aurions pu donner une forme nouvelle à la lettre du 11 prairial an VII, que nous remettons sous les yeux du public, si sa réimpression n'eût paru être desiré textuellement, comme reproduisant aux pages 10 jusqu'à 23 de la première édition (qui sont maintenant aux pages 24 et 34), les initiatives précieuses qui ont pu donner lieu aux 18 et 19 brumaire, ainsi qu'à l'ordre non interrompu, et par forme d'ensemble, dans lequel ont opéré les commissions législatives à cette époque, sans s'écarter de ce même ordre, comme le faisait leurs prédécesseurs.

Il nous eût paru aussi intéressant de ne rien laisser à desirer dès ce moment sur les moyens nouveaux et expédiens dans l'ordre des négociations pacificatrices si nous n'avions craint de donner au public des connaissances trop prématurées sur les facilités de la paix qu'il désire si ardemment.

Lorsque les négociations seront plus avancées, nous nous proposons d'étendre notre ouvrage, ce qui nous sera d'autant plus facile que nous n'aurons qu'à copier un nouveau traité de droit public, ouvrage demeuré encore en manuscrit, sur chaque peuple, occupant son cadre dans l'Europe, pris en particulier et dans la masse générale, traité remis à différentes époques au Gouvernement, reproduit, corrigé, augmenté suivant les circonstances pour le ministre des relations extérieures, et donné à ce ministre avec quelques considérations nouvelles pour arrêter le cours des dangers de la patrie, et rétablir le crédit de la nation française chez l'étranger, aux époques désastreuses où il y avait été porté atteinte.

De quelques-uns des principes de notre auteur contenus dans les deux ouvrages manuscrit, l'un intitulé *Moyens diplomatiques sur l'état actuel des choses;* et l'autre, *Extrait de ses anciennes notices appliquées aux circonstances*, ouvrage de 50 pages chacun : il sortira des conséquences utiles, même des expédiens profitables pour ces momens de crise où les deux armées sont en présence l'une de l'autre, pour des erreurs momentanées, ou pour des embarras de circonstances mis à profit par l'orgueil de quelques cabinets astucieux ou envieux de la prospérité publique. Plusieurs de ces mêmes principes sont applicables à l'état présent, notamment les rapports et citations d'anciens mémoires diplomatiques et militaires de plusieurs âges, dont l'auteur les a fait accompagner dans le tems près des autorités constituées dont les résultats ont honoré le ministère de Charles Lacroix, et contribué aux opérations politiques et glorieuses pour le Gouvernement, qui ont eu lieu en Italie, en Allemagne et ont occasionné différens traités, soit avec l'Espagne, soit avec différentes puissances dont les bases ne s'éloignent peut-être pas beaucoup de ce qui pourrait être établi, tendant à des paix partielle et générale.

L'ordre public ne peut donc trop apprécier ces rapports intéressans, ainsi que l'extension qui peut y être donnée dans un moment qui ressemble beaucoup pour la France à celui où l'Allemagne se trouva avant la fin du douzième siècle, et jusqu'au milieu du treizième, situation sur laquelle notre auteur est d'autant plus en état de fixer l'esprit des sages, qu'il a lié à ses profondes études de la diplomatie, celle de *la diplomatique*, science qui pour en être différente, doit en être regardée comme le flambeau le plus lumineux. Elle est à l'ordre régulier et méthodique dans ce genre, ce que les cartes géographiques sont à l'histoire. Cette connaissance est aussi un guide certain pour un écrivain sur cette matière délicate; elle l'est pour un ministre public, pour un envoyé, pour un plénipotentiaire près d'un peuple ou de plusieurs peuples étrangers; elle règle la conduite qu'ils doivent y tenir d'après l'influence majeure que les anciens droits, les anciens usages, même les anciennes habitudes conservent sur leurs rapports internes dans leurs nuances politiques. Toutefois à ces époques préditées, il ne faut pas regarder l'Allemagne comme resemblante à une monarchie, ni à aucun pouvoir que présente dans ce pays l'état des choses actuelles, et sans des circonstances qui y furent peu sensibles, vu l'altération majeure qu'elles apportèrent dans son gouvernement; l'ancienne Germanie serait arrivée sans effort ni déchirement à la liberté politique qui s'est développée en France par des moyens aussi violens. L'état des Germains troublé, à la vérité, par de grandes discordes, n'était point agité de toutes les passions irrégulières qu'on ne peut traiter ni définir dans un ouvrage méthodique, parce que les petites passions de l'intérêt particulier, celles du caprice des peuples, sont aux principes fondamentaux de l'ordre politique, ce que les jargons (appelés vulgairement patois) sont dans la littérature au rapport des langues mortes ou vivantes. Elles ont rendu souvent ses assemblées nationales trop inquiètes pour un grand peuple, et trop empreintes de ces mêmes passions; l'ordre et l'instruction des peuples de l'antiquité se gouvernant dans cette forme sénatoriale, était la seule qui manquait à cette nation, à tous les autres égards la plus plus instruite de l'Univers.

Ce période des 18 et 19 brumaire an VIII, et les réglemens qui en ont été la suite, perfectionnés quand il en sera tems, et consacrés dans un ordre plus profondément médité et plus généralisé, fixeront d'une manière invariable son gouvernement et le rendront aussi fort, pour le moins, que celui d'un peuple grand, mais orgueilleux, qui en fait sa principale gloire et la mesure de son union. La nation française deviendra certainement, de ce côté, la plus sage du monde, comme elle est la plus généreuse et la plus brave dans les combats. On peut le présager par la reproduction aux époques des 18 et 19 brumaire de ces beaux jours d'Athènes et de Lacédémone, où les fondateurs de la liberté de cet âge, ont transportés au héros de l'Italie, à celui de l'Egypte, ce qu'ils craignaient de ne pas voir avec assez davantage réuni dans leur personne, toujours conduite par les vertus civiques et le plus pur patriotisme. Ces nouveaux régénérateurs de la France se sont réjoui en quelque sorte, comme le juste Aristide, de trouver un homme plus vertueux, qui veut dire dans le sens de cette circonstance, plus capable d'y répondre par la confiance militaire, par une réputation héroïque et par le sens droit, propre à fixer la nation sur les moyens d'assurer à jamais sa tranquillité troublée par des discordes internes, et la guerre extérieure.

NÉGOCIATIONS.

CE n'est pas à tort que nous avons cherché, en l'an IV, à fixer le Gouvernement sur l'ambition de la Russie, sur laquelle nous allons renouveller quelques données. Nous avions cherché aussi à le fixer sur les moyens de mettre l'empereur dans une position capable de tranquilliser son esprit de manière à ne le pas livrer à des idées gigantesques, tendant à desharmonier l'Allemagne et l'Italie, et à leur attirer de nouvelles guerres sanglantes et désastreuses.

L'Angleterre, rappelée à ses intérêts par l'ambition nouvelle de l'Autriche, que lui a donné le recouvrement de ses états d'Italie, ne sera pas long-tems sans s'appercevoir des dangers qu'offre cette même ambition à son commerce général. La cession de Venise, qui fut faite à l'empereur, ne paraissait pas dans le tems d'une aussi funeste conséquence qu'elle l'est devenue depuis ; elle ne tendait à rien moins (l'Autriche privée de ses états héréditaires en Italie, destinés à former une nouvelle République) qu'à engloutir des trésors immenses pour soutenir la grandeur d'un établissement tel que celui d'une ville bâtie dans la mer, et assurée par des digues dont un commerce antique, et sans cesse renaissant, pourvoyait à l'entretien. Le recouvrement de ses états héréditaires, et le système de son union avec la Russie, offrent le calcul d'une autre chance à l'Angleterre, qui ne peut la rendre trop circonspecte, et la faire repentir, quoiqu'un peu tard, de l'appui qu'elle donne à la Russie au dépend de ses richesses, amassées avec autant de peine et des contributions insupportables.

Il est facile de faire toucher au doigt et à l'œil à l'Angleterre, sage sur ses intérêts quand elle ne se passionne pas d'une haine pareille à celle qui existe entre elle et la France, qu'il est tems qu'elle oublie ce ressentiment, si contraire à sa conservation, et fixe ses regards sur son commerce de la Méditerranée, dans les échelles du Levant, et sur-tout dans l'Inde, dont elle s'est, en quelque sorte, attribué la propriété. Cette propriété lui sera bientôt enlevée par les projets de la Russie, qui se réalisent chaque jour.

De ce rapprochement de l'Angleterre avec la France, et de leur explication amicale, il en résultera l'intime convection pour la première qu'il n'entre point dans le système du gouvernement de faire de nouvelles conquêtes pour se les s'approprier; que si elle reconquerre quelque partie de l'Italie, tâche peut-être absolument nécessaire, ce ne sera que pour fixer encore une fois la balance de l'Europe et la défendre de ces deux puissances si irrégulièrement ambitieuses.

Un négociateur instruit apprendra à l'Angleterre l'aveuglement par l'effet de sa haine à l'égard de la France, contre ses propres intérêts, que la Russie n'a point renoncée aux projets médités avec un soin laborieux par son cabinet, d'envahir l'empire des Turcs; que, prenant part à l'invasion de l'empereur en Italie, elle ne l'a fait qu'afin de se procurer, pour prix de son long voyage, les ports des états de Naples, de Sicile et celui de Malte, dont l'illustre Catherine avait fait tenter jadis la surprise. La Russie n'emploie tous ses moyens pour faire renvoyer les Français de l'Egypte par les Turcs, que pour pouvoir s'y établir elle-même, afin de les tenir enfermé dans un vrai cercle dont ils ne pourront plus échapper que par une reddition totale de leur Empire, qu'elle ne laissera partager par personne. Alors il faudra bien que l'Angleterre renonce à toutes stations de ce côté, à aucun commerce et à aucune communication avec un nouveau peuple qui voudra tout faire par lui-même, et qui en a tous les moyens.

Elle marchera sur cet empire, en se rendant sur la mer Noire; elle prendra un autre chemin pour pour arriver dans l'Archipel et dans l'Egypte si elle est évacuée par les Français comme les journaux semblent l'annoncer de toute part.

C'est d'après le succès de cette première entreprise qu'elle mettra le sceau au projet désastreux pour l'Angleterre, enfanté par le génie ambitieux de Catherine, d'arriver dans l'Inde par la Tartarie, la Perse, les bords de la mer Caspienne en même tems qu'elle y parviendrait par l'Arménie, qui doit succomber sous son autorité et recevoir son joug despotique comme l'Europe le recevra tôt ou tard sur le droit du commerce.

S'il restait encore aux Turcs, aveuglés par leurs griefs contre la France, au sujet de l'Egypte, une lueur de lumière, ou que le divan ne fut point encore assez asservi, pour qu'on y fit passer un envoyé intelligent, il serait possible de les prévenir de ce dernier danger qu'il ont eux-mêmes provoqué par leur imprudence, en attirant leur propre ennemi. Mais, non, il n'est plus tems, leur malheur y est consommé par la disposition militaire de la Russie et par la corruption oppérée de sa part.

Il n'y aurait que l'Angleterre, reconciliée avec la France, par le motif seul de son intérêt, qui pût opérer une négociation si utile à la cause commune. Elle jouit de la confiance des Turcs dans le degré le plus imminent; elle est à Constantinople la nation la plus savante dans l'art du gouvernement, et la plus prépondérante sur le divan et sur les envoyés des autres cabinets par ses subsides. Là, s'en terminerait l'exercice si contraire à la bonne politique, sur les avantages de son commerce, et si onéreux à son trésor public.

D'après ce rapprochement et l'évacuation de l'Egypte, que les journaux annonce et auquel l'Angleterre attache autant de prix, elle pourrait fort bien ne pas se refuser à la demande de la part de la France à la restitution de quelques-unes de ses conquêtes dans l'Inde, telle que les deux comptoirs de Madras et de Pondichéri. Nous invitons notre cabinet à lui faire cette requisition, comme la chose la plus sage et la mieux prévue pour renouer les liens des deux nations reconciliées.

Ces dernières idées ne sont pas de nous, et les autres, contenues dans ce discours sur les négociations, nous sont communes avec une brochure intitulée PRÉCIS SUR LA PAIX, que nous ne connaissions pas lorsque nous avons formé le dessein d'offrir des développemens beaucoup plus étendus sur les moyens de rouvrir de nouvelles négociations : nous avons jugé que cet ouvrage, qui sort des mêmes presses que celui-ci, était très-propre à précéder celui que nous nous proposons d'établir sur le droit public de l'Europe, au milieu de ces tems difficiles où nos armées n'attendent plus que le signal pour donner ces grandes leçons que le glaive de la divinité prépare aux injustes dans la solution d'une cause aussi majeure. Nous ne voulons pas le donner sans consulter qui est de droit ; nous y avons même compris la désignation du caractère de certains envoyés extraordinaires, (sans déplacer aucun des ambassadeurs) qu'il conviendrait de diriger près des cours de Saxe, de Bavière, de Vienne et du cabinet de Londres ; nous avons substitué à notre définition sur le genre de celui qu'il faut envoyer en Turquie, ce petit détail sur l'ambition de la Russie, de l'Autriche parce qu'il ne compromet pas le Gouvernement, et parce qu'il ne peut même chagriner les puissances dont nous parlons, attendu qu'il est déjà rendu public depuis plus de trois mois, dans un ouvrage qui mérite d'être fort répandu, d'après celui de l'auteur et d'après son sens juste, notamment dans ses expressions sur le désintéressement de la France, dans ses conquêtes et dans sa conduite politique. Quand nous traiterons cette question, que nous approfondirons avec toute la méthode qu'elle requière dans un grand ouvrage, nous distinguerons la politique qu'a tenu notre Gouvernement, de sa discipline, de celle qui s'est trouvée bien ou mal pratiquée dans l'exercice de ces mêmes conquêtes, ou dans les pays étrangers. Si quelque ministre public ou quelques généraux particuliers ont donné lieu par des ordres non assez précis, par des recommandations, par les témoignages donnés de leur estime à quelques pervers, voilés et accrédités auprès des autorités constituées ou du corps législatif, trop nombreux pour conserver de l'influence dans les affaires étrangères à la législation; les moyens de négliger le bien, de ne pas traiter le peuple conquis avec assez de justice et de sensibilité, et même de faire le mal; il faut s'en prendre à la tourmente et à la composition des autorités supérieures du Gouvernement, à la division de ces mêmes autorités, aux égards trop appliqués, à la condescendance pour ne pas éloigner ces mêmes autorités, ou pour rapprocher certaine quantité de personnes ayant le pouvoir, quoique toutes fois dépourvue de ces mêmes lumières et de cette unité qui satisfait les administrés dans leur droit, et offre une garantie réelle au ministre de cette même autorité.

Nous n'avons rien à dire de plus dans un écrit public ; s'il y avait quelque reproche à émettre à cet égard, qui demanderait une plus grande particularisation, ce ne serait certainement pas dans un écrit imprimé que nous le ferions ; la timidité ni autre considération de faiblesse ou de courtoisie, n'y aurait aucune part, mais nous savons que les grandes familles se doivent des ménagemens. Ce sont les injures qu'on se dit dans la grande famille qui mène au refroidissement, aux suites d'une prévention à laquelle on donne quelque conséquence pour ce qu'on appelle injustement les faveurs du Gouvernement ; puis vient la honte ou la répugnance de se voir ou de se communiquer, après le non rapprochement personnel, joint à la discorde, et enfin la désharmonie, moment que l'étranger qui a de la force et de l'union dans son gouvernement voit avec autant de plaisir que d'orgueil.

LETTRE *au Ministre des relations extérieures convenable à la situation du 11 prairial, an 7 pour servir de suite au précis des principes fondamentaux des glorieux travaux de la République française, par le citoyen* B.-J. V. SAVOISY, *membre de la société libre des sciences, lettres et arts.*

CITOYEN MINISTRE,

DÈS l'enfance j'ai eu un goût naturel pour tout ce qui peut regarder en grand les affaires de gouvernement. J'ai vu qu'il n'y avait d'autres moyens, pour seconder mon goût et me faire parvenir à de grands résultats, qu'en ne divertissant jamais ma vue des trois parties essentielles de ce même gouvernement, appelées, *intérieur, guerre et diplomatie*, même en ne m'occupant que d'une seule particulièrement.

Elevé par trois grands maîtres, j'ai pris l'habitude de travailler, par forme d'ensemble, en embrassant à la fois les trois parties qui leur étaient confiées dans les ministères séparés ; c'étoit le moyen de conserver leur bienveillance et de me les attacher.

Il ne me sera pas difficile de me perfectionner dans un gouvernement plus régulier, tandis qu'il fallait toujours présumer, d'après des premiers développemens, que des intérêts de cour ou de compagnie puissante laissaient souvent sans résultat.

J'ai fait sous les deux régimes l'épreuve de tous les abus, provenant du despotisme, et des excès de la liberté : j'en ai fait l'épreuve et comme propriétaire, et comme spéculateur, et comme victime des cabales de cour, et comme parent de ministre.

Je connais les dégoûts dont on accable les ministres; l'espèce de contrariété qu'ils éprouvent, les entraves avec lesquelles on les embarrasse.

Je me propose de vous communiquer un article sur ce chapitre, à la suite du travail que j'embrasse, pour correspondre au renvoi que le gouvernement vous a fait le 27 frimaire, des objets qui me concernent et à l'estime que j'ai de vos talens.

Je dirai, en attendant que je sois à même de traiter l'article que je vous annonce dans tous ses détails, que la morale des gouvernemens, qui veulent être sages et heureux, doit être de se refuser à des idées d'inconstance, puisées dans des soupçons, dans des nuages politiques sur des ministres, que souvent les preuves, les probabilités rejettent, et que l'envie seule trace pour avoir leur place ou les contrarier.

J'ai remarqué souvent dans les fastes politiques, sur lesquels j'ai été à même de faire de profondes recherches et sur les fastes communs, que les ministres, notamment dans la partie des relations-extérieures, n'ont fait des fautes que pour avoir été extrêmes dans l'amour du bien, ou parce que les autres parties des différens ministères, correspondantes plus ou moins directement avec celles confiées à leur soin, ne marchaient pas au même but, avec le même zèle ou la même suffisance de moyens.

Voilà pourquoi, citoyen ministre, j'ai cumulé à la partie politique qui vous regarde personnellement les autres parties contenues dans le paquet, dont vous a fait le renvoi, le gouvernement, le 27 frimaire dernier.

Si le gouvernement m'a deviné dans mon dessein, il m'a bien secondé dans sa conduite, dans cette circonstance, en vous faisant reporter tous ces objets en masse, que je n'ai cumulés et réunis ainsi que pour qu'il en fît cet usage : c'est le seul moyen qui reste, vu l'état de guerre et de négociation active, dans lequel se trouve notre gouvernement pour sauver la République, la Constitution de l'an III, le crédit dans l'étranger et même de soutenir la tranquillité intérieure.

Il serait fort avantageux dans les circonstances actuelles, que ce que je proposais dans les quatre petites pages qui vont suivre et font maintenant corps, par extrait avec cette lettre, fût déjà en marche active.

J'avais prévu qu'il fallait ainsi soutenir mon plan diplomatique pour tous les âges, pour tous les cas, et notamment pour celui où les relations-extérieures éprouveraient quelque discrédit chez l'étranger, et le ministre quelques contrariétés partant de l'intérieur.

Ces deux cas sont fort aisés à prévoir, notamment dans une République et dans un gouvernement nouveau, où l'esprit de parti domine, où celui de l'étranger influe quelquefois avec trop de succès sur les contrariétés internes, et de suite sur celles qui se rapportent aux relations-extérieures.

Chaque autorité, sous d'autres rapports très-respectables, et quelques individus, sans avoir d'autre crédit que celui (très-précaire) que donne l'exercice d'un certain travail sur les opinions vulgaires, se croyent en droit de donner des initiatives dans la partie la plus délicate, sur laquelle il faut avoir fait une étude infinie pour spéculer avec justesse, et une correction de principes qui appartient au seul vrai savant dans ces sortes de matières.

L'ensemble que j'ai embrassé, citoyen ministre, est le fruit de la réunion des objets d'étude que je me suis tracés d'après un des plus grands maîtres, dans un plan dont non-seulement je ne me suis pas écarté depuis la révolution, mais dont j'ai anticipé les calculs depuis 1776, ne recherchant alors, comme à présent, pour moi, aucune espèce de gloire personnelle et publique, chose à laquelle j'ai dû mon salut et ma tranquillité parfaite dans ces momens difficiles.

J'ai fait servir la morale, qui est devenue la chose publique, par des hommes qui ne sont plus; je l'ai fait servir, par mes initiatives, (que les preuves attestent) par un plus grand nombre d'autres, d'un mérite connu, qui existent encore, mais qui se dérobent maintenant à l'utilité publique après y avoir joué des rôles aussi importans.

Voilà pourquoi, citoyen ministre, il se trouve tant de disparate au plan d'ensemble dont ils ont tiré les matières principales, qu'ils ont produit avec quelques succès.

Ce plan a surnagé au milieu de tous les orages, de l'oubli même des principes du gouvernement, sans cesse (en certains tems) altéré de son point fixe, qui eût dû être immuable.

Vous reconnaîtrez, citoyen ministre, l'esprit de ce plan fondamental, dans ces quatre petites pages, auquel je vous promets, d'après le renvoi que le gouvernement vous a fait de mes vues, de donner tous les développemens exacts et fidèles, tels qu'ils doivent l'être pour vous mériter la gloire, sous les deux rapports et d'homme d'État, et de ministre des relations - extérieures, de fixer une nation qu'on n'a crue jusqu'ici légère, que faute de l'application des moyens d'ensemble que présente l'apperçu d'une opération certaine dans ceux qui vont suivre cette lettre.

Pour peu, citoyen Ministre, que vous me secondiez, je n'épargnerai aucun des moyens pour faire triompher toutes les ressources que j'offre à votre sagesse, et l'*incognito* dans lequel je me tiendrai, jusqu'à ce que j'aie rempli cette tâche délicate, pendant laquelle il peut m'être donné une commission de quelque consistance, ne sera pas un des moyens le moins victorieux pour y parvenir.

L'expérience des principes doit vous convaincre, citoyen Ministre, qu'assuré sur les bases d'une morale constante dont je n'ai jamais dévié, et sur des travaux politiques réguliers que j'ai embrassés, et que vous avez daignés appercevoir sous un jour favorable, il ne m'a pas dû être difficile de triompher de grands obstacles, et de demeurer constamment dans un état de paix, dont la conservation a paru si difficile à tant d'autres.

J'ai imaginé, citoyen Ministre, soit par l'effet de mon zèle, soit par celui de mon instruction, soit par celui du besoin du moment du danger de la patrie, cette série régularisée des matières qui suivent. Je me plais à croire, d'après l'harmonie qui règne entre le Gouvernement et le Corps législatif, que par de telles initiatives régularisées et centralisées, les deux autorités réunies arriveraient au but d'éviter aux administrés, le grand flottement de lois, de réglemens, et d'arrêtés qui ont peut-être été le principe de nos revers, et de cette diminution d'esprit public, qui suspend l'immensité de ressources qui nous restent encore et qu'il vous appartient de faire valoir.

Tel est l'ordre du travail qui me paraît digne d'un républicain capable de concevoir le mérite d'une telle tâche au milieu des dangers pressans de la patrie. Le Gouvernement vous a fait en masse le renvoi de mon plan d'économie politique, uni à la partie diplomatique et militaire que je lui ai adressé. C'est donc à vous seul, citoyen Ministre, qu'il appartient, comme un des attributs de votre ministère secret, qui est étendu à des objets majeurs, qui influe plus que tout autre ministère sur la conduite à tenir dans ces circonstances délicates.

On voit, dans la première partie de mon mémoire, que je vous ai remis préliminairement, citoyen Ministre, que je me suis exercé de bonne heure à la connaissance des anciennes administrations; c'est ce qui m'a donné de si grandes facilités pour connaître les nouvelles. Elles n'ont pas échappé à mon coup-d'œil, et certainement le Gouvernement trouvera à cet égard, des observations curieuses et intéressantes qui, à mesure qu'elles se présenteront, lui seront de quelque ressource, soit pour le comprendre dans les messages qu'il trouvera à propos de faire au Corps législatif, soit dans quelques-uns de ses arrêtés, quand ils porteront sur des objets uniquement de sa compétence.

J'ai étudié les intérêts majeurs du Gouvernement, celui qu'il avait à se saisir de toute l'autorité convenable que lui donne la constitution pour faire suivre à la lettre, soit un ordre public, soit un ordre de réglement, qui, comme une espèce de teinture, doit colorer nos nouvelles institutions fondées sur les droits antiques des hommes, et ceux sacrés de la nature.

D'après ce principe, toutes les institutions, même toutes les lois doivent y correspondre, et maintenant toutes celles qui ne vont pas à ce but, peuvent être rapportées ou amendées. Le Gouvernement doit en faire un travail particulier, afin de dresser des projets de message, d'avertissement au Corps législatif.

C'est sur quoi porteront toutes mes spéculations, toutes mes recherches, et à raison d'un travail très-facile chez moi, cet objet se remplira, j'espère, dans peu avec quelque succès, je le mettrai sous vos yeux, citoyen Ministre, puisque c'est à vous que le Gouvernement a fait le renvoi des plans d'ensemble, dans lesquels cette partie est comprise avec celles diplomatique et militaire.

J'annoterai d'une petite remarque les règles anciennes qui me paraîtront bonnes à conserver pour tous les âges, et celles tenantes à des circonstances qui sont sujettes à variation.

C'est en comparant l'esprit de chacune d'elles, comparée à toutes les parties prises ensemble, qu'on peut saisir des résultats réguliers.

Le commerce, ou au moins la circulation intérieure qui le remplace, et qui a changé de face depuis la révolution, pour avoir une marche plus sûre, doit mener aussi à certains amendemens à des lois de circonstance, dont le but était d'y porter atteinte, pour frapper quelques hommes puissans dans ce même commerce, qui ne voulaient pas se plier à l'ensemble d'une restauration générale.

Comme Ministre des Relations extérieures, et les manufactures étant exercées en partie par des étrangers, soit comme maîtres, soit comme ouvriers, un coup-d'œil, citoyen Ministre, plus ou moins direct de votre part sur cette partie, serait digne de votre génie prévoyant et des moyens que vous pouvez employer chez les nations alliées et riveraines, pour rétablir des communications plus faciles pour se procurer les matières premières, et la confiance de peuple à peuple. Il paraît, citoyen Ministre, que vous n'ayez pas négligé cette partie avec l'Espagne, et elle fait autant d'honneur au Ministre des Relations extérieures qu'à l'Ambassadeur d'Espagne près la République, chargé des communications de cette puissance amie.

Sans prononcer sur le 18 fructidor autrement qu'en matière réglementaire, il semble avoir réuni quelques avantages sous ce point, contre un grand relâchement qui s'opérait dans toute la masse de la république. Il paraît qu'il en est résulté une grande restauration de l'ordre général réglementaire; d'après ce, quelques lois d'anciennes circonstances ne devraient-elles pas être abrogées ou amendées? Il en est de ce genre pour toutes sortes de manufactures et des moyens de les activer.

Il est encore quelques objets de cette nature sur lesquels pourront rouler mes méditations. Je vous confierai, citoyen Ministre, mes idées et le résultat de mes recherches, pour faire passer au Gouvernement, mais toujours par forme d'ensemble, ce genre de travail, peu commun jusqu'ici, étant le seul but de mon entreprise. Je vous confierai sur quelques lois, arrêtés ou règlemens faits, soit avant, soit après la révolution le fruit de mes recherches, ainsi que sur les filières par lesquelles elles ont pu passer; quelles sont maintenant les raisons de leur utilité, celles de leur malfaisance, de leur insuffisance, ou de leur irrégularité, comme aussi celles de leur discordance avec le point d'ensemble du Gouvernement entier?

Le gouvernement, auquel vous établirez sur cette partie un rapport qui ne doit pas être interrompu et qui doit lui-même faire un travail suivi et méthodique, en délibérera dans sa sagesse. J'en userai ainsi, citoyen ministre, pour toutes les parties qui jettent plus ou moins les administrations ministérielles dans l'incertitude; elles ont déjà fixé mon attention comme mon plus grand spectacle; elles n'échapperont pas aux mesures d'équité et de désintéressement sous lesquelles je les spéculerai.

Je chercherai, citoyen ministre, les moyens d'aller au-devant de quelques-uns de ces abus ou de ces fautes, ou de ces négligences qui font plus ou moins accuser les administrations de toute espèce : je ne m'occuperai que des bases fondamentales, propres à prévenir l'effet de la malveillance ou du juste mécontentement dans ce genre.

Cette partie est bien délicate à traiter. Le gouvernement n'a jamais reçu, peut-être, d'écrits, de rapports, de détails ou de connaissances qui puissent lui donner des lumières certaines à cet égard; ce sont ou des accusations vagues ou intéressées, qui n'ont pas de suite, auxquelles l'inimitié préside et jamais le bien de l'État, ou bien ces rapports manquent de la louange qui appartient à ces sentimens nobles, appelés patriotiques, qui distinguent presque tous les chefs et les employés de ces différentes administrations. J'ai calculé, pendant quelques-uns de mes voyages dans les départemens, l'intérêt de l'accroissement des finances par la voie des administrations centrales et l'accord parfait de toutes les parties qui les composent. Ces parties ne sont pas si difficiles à réunir qu'on se l'imagine, ainsi que tous les liens d'une administration quelconque avec le bon ordre : il ne s'agit que de prendre l'habitude d'ensemble auquel je me suis plus plié, ce qui serait encore moins difficile à quelqu'un identifié avec un gouvernement qui réunit toutes ces instructions.

Ce gouvernement serait béni des peuples, s'il était à même de trouver sous sa main sans cesse l'ordre du travail dont je lui présente l'apperçu, et la constance d'un ami désintéressé de ce même gouvernement, qui n'eût à cœur que sa gloire, et demeurât en quelque sorte inconnu dans l'emploi de tels moyens.

Si vous pouviez, citoyen ministre, faire adopter au gouvernement cette forme de travail, puisque c'est à vous qu'est fait l'envoi de mon rapport, je vous en adresserai les résultats.

J'avoue que si je n'avais pas à faire à un homme de votre génie, de votre mérite, j'aimerais mieux que mon travail fût indépendant, et adresser mes rapports sans intermédiaire, au Gouvernement; mais vous êtes digne, citoyen, d'être le Ministre de salut public dans cette crise fâcheuse du danger imminent de la patrie, sans augmenter votre dénomination par la proclamation d'une si belle attribution.

Lorsque mes idées se porteront sur quelque objet de lois, d'institutions et de réglemens, que je croirai devoir être réformés, ou proposés, je dresserai, par exemple, pour les lois à demander au Corps législatif, un projet de message sur un petit état ou feuille que je vous adresserai pour remettre au Gouvernement, avec une annotation correspondante à l'objet dont je croirai que le Gouvernement doit demander la réforme ou l'amendement : je garderai de l'un et de l'autre un double destiné à être comparatif pour démontrer que tout l'ensemble ne peut être blessé de ma proposition, qu'elle s'y rapporte, qu'elle n'en est aucune contradiction, ainsi qu'avec les quatre parties, *Intérieur, État militaire, Finances* et *Relations extérieures :* j'expliquerai dans quelle occasion cette dernière partie (les Relations extérieures) doit être rapprochée ou écartée de mon état comparatif. Vu l'état de commerce qui sera l'état dominant de la France régénérée, et vu l'état continuel et actuel de guerre et de négociation active, elle se trouvera être très-peu écartée.

Mes projets de message dont le gouvernement fera ou fera faire l'usage qu'il voudra vis-à-vis le corps législatif, comme mes projets d'arrêté pour ce qui le regarde, auront de grandes marges, capables de mettre ses observations, afin que j'y puisse retravailler, s'il le juge nécessaire, ou les perfectionner lui-même.

J'en userai ainsi, s'il y a des amendemens à ajouter à quelques lois, en rapportant les articles subsistans et ceux à ajouter. J'emploierai les mêmes moyens si je spécule des objets qui regardent les parties ayant rapport à la guerre ou à la diplomatie, mais mes travaux, à cet égard, ne seront pas des projets de message, mais des vues observatrices dont le gouvernement fera l'usage qu'il voudra vis-à-vis des ministres des différentes parties.

Je régulariserai pareillement ce travail d'observation, et le balancerai avec tous les détails, puis avec tout l'ensemble du gouvernement. Ce travail n'étant que celui d'un méditatif, soit sur les lois, soit sur les réglemens ou autres objets d'observation, n'obligera jamais le gouvernement ni ses ministres à aucune conséquence. Quelquefois, il sera possible que mon travail fournisse des idées auxquelles on aura pas pensé, ou régularise celles qui auraient été prises en considération.

Mes idées diplomatiques ou négociatives seront toutes contenues dans un petit cahier qui sera destiné à renfermer la partie qui regarde la diplomatie; il sera dans le genre des notices politiques diplomatiques que j'ai adressées au gouvernement le 7 et 18 messidor an 4.

Ces notices, pour la partie diplomatique, ont offert un espèce de systême d'ensemble qui se rapporte entièrement au gouvernement. Cet ouvrage commémoratif, n'aura d'effet partiel et général, que celui que le gouvernement voudra bien lui donner : il est invité, pour le cas où il pourrait avoir des vues contraires aux objets dont on lui présente l'apperçu, de ne pas rétrograder sur des plans qu'il paraîtrait avoir choisi, rien n'étant moins avantageux au gouvernement, que de faire quelque retour sur une opération ou commencée ou dirigée vers quelque but.

Je traiterai dans un cahier à la suite de celui-ci, des moyens méditatif et d'exécution que je pourrais avoir à offrir, tant sur la partie diplomatique, que sur celle ayant rapport aux négotiations.

Je fournirai aussi sur la patie militaire quelques moyens méditatifs qui se rapportent aux trois cahiers sur la formation, la discipline et la subsistance des troupes, qui ont inspiré tant de confiance en moi, au feu maréchal de Vaux, au ministre des affaires étrangères, et à feu M. de St-Germain, alors ministre de la guerre et au général Caraman, alors inspecteur. Voyez les opinions du ministre de la guerre, exprimées de la manière la plus flatteuse et la plus marquante, dans les lettres multipliées du feu maréchal de Vaux, du feu ministre Vergennes et du général Caraman, à l'époque de 1775, 1776 et années subséquentes, pleines d'un égal éloge. Voyez la réponse du gouvernement, en date du 18 messidor an 4, ensuite d'un mémoire politique de ma façon, qui embrassait tous les Etats de l'Europe, et les moyens diplomatiques qu'il me parut convenable d'admettre vis-à-vis de ces mêmes Etats, d'après la constitution de l'an 3.

Je joignis à cet intéressant mémoire un in-quarto, dont le Gouvernement m'accusa la réception : ouvrage manuscrit, propre à soutenir par des plans militaires tous ces projets proposés par voies de négociation dans mon système politique.

Cet in-quarto embrasse deux parties ; je les fis relier toutes deux ensemble, pour que le Gouvernement eût à-la-fois sous sa main tout ce qu'il fallait pour l'Italie et pour l'Allemagne, où je prévis qu'il fallait absolument mettre le pied, si mon système n'était pas adopté de confiance par l'Empereur, le Roi de Prusse, celui de Naples et quelqu'autre Etat d'Italie. Ce que je proposais par rapport au roi de Naples et l'Espagne, a paru depuis avoir procuré la paix entre la France et l'Espagne.

Dans l'état pressant des choses, il paraît que la recherche de la première partie de cet in-quarto serait des plus intéressantes, attendu qu'elle contient un état des plus détaillés de la défense des Alpes, et une description géographique, très-militaire et des plus précises de chaque col, de chaque montagne, de chaque rocher, de chaque vallée, de chaque défilé, où l'on peut arrêter l'en=

nemi, dans *la Savoie, le Piémont et le comté de Nice*. Il y a pareillement les moyens d'attaque, l'éloignement des plans de défense qui se correspondent, le dénombrement du plus petit ou du plus grand nombre de soldats que chaque poste peut contenir. Le départ de Bonaparte pour l'Italie, qui passa à cette époque dans mon pays, et s'arrêta dans une famille à laquelle je prends quelque part, me détermina à envoyer ce plan militaire, non à ce général, mais au gouvernement, en lui faisant parvenir ceux des négociations qui me parurent devoir précéder toute hostilité, ou devoir marcher ensemble, pour rendre invincibles mes spéculations, comme elles le furent en effet par un jeune héros à qui le gouvernement, dans ce tems, traça le cercle de la victoire, dont il surpassa les espérances, comme il surpassa les héros de l'antiquité et les plus habiles de son siécle.

La seconde partie de cet in-quarto ne serait peut-être pas moins intéressante à rechercher ; elle a donné un succès complet à mon système politique ; elle fut jadis un espèce de système politique elle-même, à l'époque où il s'agissait de faire passer dans la maison de Bavière le trône impérial, et de l'ôter à la maison d'Autriche.

Il s'agissait de bien plus, puisqu'il était question de mettre en lambaux plusieurs parties de ses états, soit héréditaires, soit impériaux, et d'en concéder une partie par des traités de convenance ; il était question de fermer l'entrée de l'Italie aux Allemands, qui l'ont toujours troublée par la guerre, et de mettre entre les mains d'un petit prince (le roi de Sardaigne), qui ne pourrait pas s'agrandir d'aucun côté, la défense de l'entrée des passages qui correspondent à la ville de Mantoue, qui se garderait d'après ce, d'elle-même, et n'aurait pas d'intérêt à ouvrir ses communications à qui que ce soit.

Cette spéculation indiquait en quelque sorte dès-lors de former dans cette ville une République. Vraisemblablement cette idée a frappé, dans le tems où je l'ai présentée, le cabinet politique du gouvernement, et paraît avoir donné, d'après les succès et les conquêtes de Bonaparte, l'idée de l'établissement de la République cisalpine, qui était l'établissement le plus utile à la tranquillité de l'Italie, si l'empereur n'avait pas occupé Venise, et le plus utile à l'Europe entière, même à l'Angleterre, qui paraît en tout nous contrarier pour avoir le seul plaisir de le faire. D'après cette opération, l'Italie devenait une puissance neutre pour tous les peuples de l'Europe, qui y seraient venus comme dans un jardin délicieux, jouir de la beauté du sol, du site, et y retrouver ces restes antiques si précieux aux amateurs de la paix, des sciences et des arts.

Il est fort question dans cet ancien manuscrit des intérêts du saint-siège et de quelques dispositions d'une politique usée, dont j'ai pris l'inverse, dans le mémoire que j'ai donné au gouvernement, le 7 messidor an 4, à l'exception du desir de cet ancien manuscrit sur la conservation de la République de Venise, sur le pied d'une puissance respectable, telle qu'elle étoit, sans augmentation de territoire ; cette idée me paraissait fort convenable au bon ordre de l'Italie. Soutenu du passage d'Aringthon, auteur anglais d'une grande célébrité et connu pour avoir joué un rôle majeur dans la révolution d'Angleterre, homme cultivé par les lettres, les voyages, le commerce politique des nations, sur-tout de l'Italie. " *Il admirait Venise comme le plus* " *parfait, le plus durable des gouvernemens* " *que puisse inventer la fantaisie des hommes.* "

Je tenais à cette conservation, comme le philosophe anglais, sous toutes sortes de rapports, notamment pour la défense des points respectifs des mers de l'Italie.

Quant à la puissance pontificale, étant devenue incapable d'utilité politique, et pour des causes que je ne répéterai pas ici, j'ai cru nécessaire, dans mon plan d'arrangement de l'Italie, de réunir ses états à ceux du roi de Naples qui, au 7 messidor an 4, n'avait pas démérité de la République. La France n'avait rien à entreprendre à cet égard, pour ce prince allié, s'il eût été fidèle à ses intérêts, que de ne point s'opposer qu'il réunit à ses états, par une invasion qui était toute naturelle à sa politique et à ses convenances, les états du saint-siége.

Une conduite de ce genre, unissait encore nos liens avec l'Espagne. Il semble que les aveuglemens politiques sur les choses les plus simples, portent un caractère de fatalité sur lequel la postérité impartiale peut seule prononcer. La défiance et la mauvaise manière de voir les ministres du roi de Naples contre ses propres intérêts, ont été jusqu'à contrarier la France dans le desir de le servir ; ce qui a jeté dans un état précaire pour longues années, cette puissance rétablie. Qui sait ce qu'elle demeurera dans ce nouvel ordre de choses, qui ne fait nul tort à la République française, puisqu'elle était intéressée à ce que ce ne fût point un autre qu'un prince faible, ou petite république, qui occupât cette pointe de l'Italie, si loin de son territoire.

Cet ancien mémoire, que je cite, dont j'ai fait présent au Gouvernement et que je crois fort rare, le tenant d'un grand maître, qui me l'avait fait copier pour être la base de mon instruction sur les intérêts de l'Europe, embrasse aussi l'ordre d'une ligue dans laquelle était entrée la France tendante à transporter le trône impérial dans une autre maison (celle de Bavière.)

Impartial sur les objets du droit politique, qu'on n'infère pas, citoyen Ministre, de la citation que je fais du précieux manuscrit auquel je renvoie pour quelques passages, que j'admette son principe du détrônement de la maison d'Autriche, et le transport de la couronne impériale dans la maison de Bavière, qui était alors à l'ordre du jour des cabinets de l'Europe, qui se piquaient d'une grande science, et qui avaient beaucoup de crédit sur la masse entière de cette partie du monde.

www.ingramcontent.com/pod-product-compliance
Lightning Source LLC
Chambersburg PA
CBHW070705050426
42451CB00008B/497